Paris  Rutabaga

JEAN-LOUIS BESSON

Paris Rutabaga

SOUVENIRS D'ENFANCE
1939-1945

GALLIMARD JEUNESSE

Ce livre n'est pas l'histoire de l'occupation de Paris, encore moins celle de la Seconde Guerre mondiale racontée aux enfants.

C'est plutôt la mémoire la plus fidèle possible de ce qu'un petit Parisien a vu et entendu pendant ces années où, contrairement à une idée reçue, la plupart des gens attendaient que la guerre se termine, sans prendre parti, ni pour la Résistance ni pour la collaboration, chacun essayant de se nourrir, de se chauffer, de vivre le moins mal possible, subissant simplement les événements.

Né dans une famille catholique, que les autorités d'occupation n'avaient aucune raison d'inquiéter pour quelque motif que ce soit, car ni juive ni communiste, et pour qui l'ordre et le respect des conventions étaient les choses les plus importantes, un enfant, entre sept et douze ans, croit à peu près tout ce qu'on lui dit et ne porte pas encore de jugement.

Ces quelques souvenirs ne font pas oublier que, pour beaucoup, les mêmes événements furent infiniment plus cruels.

J.-L. B.

C'était en septembre 1939 et je venais d'avoir sept ans. Ma famille se trouvait pour les vacances en Normandie, près de Deauville, où elle était venue profiter des bains de mer le long de la grande plage de sable fin bordée d'interminables rangées de cabines, toutes assez vastes pour pouvoir s'y mettre à l'abri les jours de vent.

Cette année-là, la chanson à la mode était *Tout va très bien, Madame la marquise !* On y entendait James, valet modèle, apprendre à sa patronne la mort de sa jument grise et annoncer à chaque couplet des catastrophes de plus en plus épouvantables : les écuries ont brûlé, le château est parti en fumée, et pour finir Monsieur le marquis s'est suicidé. "Mais à part ça, Madame la marquise, tout va très bien, tout va très bien !" On se tordait de rire.

En famille

Les années précédentes, mes parents, qui n'étaient pas riches, louaient la moitié d'une petite maison dans le village le moins cher de la côte normande. La plage y était couverte d'algues - excellentes pour la santé à cause de l'iode qu'elles contiennent, disait ma mère - et habitée d'innombrables poux de mer à qui nous faisions faire la course, ma sœur et moi, dans des rigoles de sable.

Mais cette année nous sommes, avec nos deux oiseaux bengalis qui sautillent sans arrêt dans leur cage, les invités de tante Odette, la plus riche des sœurs de mon père. Son mari l'oncle Eugène vient de faire construire une superbe villa tout en haut de la colline qui domine la côte.

Tout y est magnifique : la vue, les hortensias, les deux autos, bien que la plus grosse, une Talbot, soit un peu démodée à mon avis. Il y a aussi mon cousin Jacques, le fils de l'oncle et de la tante. Autrefois je pouvais jouer au Meccano avec lui, mais aujourd'hui - il a onze ans de plus que moi et il est beau garçon - des jeunes filles élégantes viennent le chercher pour faire des parties de tennis.

Et puis il y a les domestiques, et ma tante dit qu'avec eux on a malheureusement toujours des problèmes : Germaine, la cuisinière, vole sûrement de l'argent en faisant les courses et son mari Fernand, le chauffeur, range plus souvent les bouteilles à la cave qu'il ne lave et fait briller les voitures dans le garage. Ma tante dit encore que lorsqu'elle part

faire des achats à Paris, elle est obligée de faire le tour des cafés du quartier pour retrouver son chauffeur et que plusieurs apéritifs, ce n'est sûrement pas bon pour la conduite. Fernand prétend au contraire que cela lui ouvre mieux les yeux pour voir la route.

La fin des vacances

C'est la guerre !

L'Angleterre et la France ont déclaré la guerre à l'Allemagne. L'oncle Eugène vient d'entendre la nouvelle à la TSF (c'est comme ça qu'on appelle la radio).

C'est la consternation dans la maison. La guerre, j'en entends parler déjà depuis longtemps. Tout le monde en a très peur, mais on espérait justement qu'après celle de 1914, la dernière, qui a fait des millions de morts, il n'y en aurait plus jamais d'autre.

Eh bien non. Mon père et l'oncle Eugène disent que c'est vrai, qu'on ne pouvait pas laisser Hitler, le chef de l'Allemagne, envahir indéfiniment les pays voisins, qui sont nos alliés, sans rien dire. Heureusement qu'il y a la ligne Maginot ! C'est une formidable barrière de fortifications que les Français ont construite tout le long de la frontière. Les Allemands ne pourront pas entrer en France comme la dernière fois !

En attendant, les vacances sont finies ! Papa va devoir être soldat, Fernand le chauffeur aussi, et sa femme la cuisinière est inquiète. Maman encore plus, qui nous parle toujours de ses trois frères partis pour le front en 1914 et revenus quatre ans après, heureux d'être

vivants. Mais pour l'oncle Eugène qui a passé l'âge d'être mobilisé, et pour nous, où aller ? Paris sera peut-être attaqué par les avions allemands ! L'un des frères de maman, l'oncle Albert, habite en Bretagne. On décide d'aller chez lui, avec les oiseaux. La tante Odette, l'oncle Eugène et le cousin n'ont pas de famille en dehors de Paris et ils sont bien contents de pouvoir venir avec nous. Nous irons par le train, eux prendront la 202 Peugeot car la grosse Talbot consommerait trop d'essence.

Mon cousin Jacques est le seul qui saute de joie à l'idée du voyage. Il vient de passer son permis et va pouvoir enfin prendre le volant ! Comme ses parents ne savent pas conduire, ils vont bien être obligés de lui faire confiance, maintenant qu'ils n'ont plus de chauffeur.

✏ Chez l'oncle Albert

Notre voyage de Normandie en Bretagne ne se passe pas très bien. Nous sommes nombreux, entassés sur le quai de La Chapelle-Anthenaise, une petite gare de correspondance, au milieu de bagages mal ficelés, à attendre notre train. Les employés des Chemins de fer sont peut-être déjà partis rejoindre leurs régiments, comme papa, et tout est désorganisé. Chaque fumée crachotante annonçant une locomotive nous fait croire que notre train arrive, mais ce n'est jamais lui.

La nuit est tombée. Ma mère est inquiète, papa n'est pas là pour la rassurer, et ma sœur, qui a quatre ans de plus que moi, essaie de la tranquilliser. Dans leur cage, les oiseaux ne sautent plus sous leur couverture, ils ont dû s'endormir. Je crois que j'en fais autant.

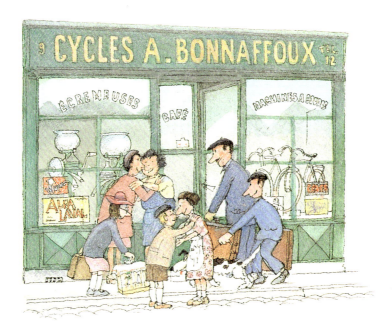

Notre train arrive enfin dans un grand bruit de bielles et de pistons. Il est plein de voyageurs serrés dans les couloirs et les compartiments.

Tôt le matin, nous voilà à Vitré, la petite ville de Bretagne assez loin de la mer, où l'oncle Albert tient un magasin de bicyclettes et de machines à coudre. Nous sommes contents de retrouver la cousine Yvette et son jeune frère, qu'on appelle Bébert pour ne pas le confondre avec son père car ils portent tous les deux le même prénom, et le chien Rip. Il est du genre ratier, mais davantage connu pour attaquer les chats plutôt que les rats, sûrement parce qu'il en rencontre plus souvent.

Il y a surtout la tante Reine, une fameuse cuisinière qui aime que tout le monde mange bien autour d'elle, grande experte en tête de veau vinaigrette, brochet au beurre et civet de lapin.

Installation

Tante Reine a vite fait de nous trouver un logement : deux chambres dans une clinique toute neuve, que nous pouvons louer comme il n'y a pas encore de malades à soigner. Le directeur de la clinique, qui est médecin, est au moins capitaine ou commandant. Il a un superbe uniforme : képi de velours rouge, ceinturon et bottes de cuir. Il a aussi une femme, une belle-mère avec un gros nez rouge (elle a toujours une bouteille de vin dans son sac à provisions), deux filles, Monique et Colette, avec lesquelles on va sûrement pouvoir jouer, ma sœur Geneviève et moi, et enfin Jim, un grand chien jaune aux oreilles pointues qui m'intimide davantage, bien qu'on m'assure qu'il ne mord pas.

Trois jours plus tard, l'oncle Eugène, la tante Odette et le cousin

Jacques arrivent dans leur petite Peugeot. Ils s'installent à l'hôtel du Chêne vert, le plus chic de la ville. Mais comme il ne se passe rien du côté de la guerre - Hitler a peur de l'armée française, dit l'oncle Eugène - ils décident au bout d'une semaine de rentrer à Paris.

Papa vient en permission passer une semaine avec nous. C'est la première fois que je le vois habillé en soldat, mais son uniforme est beaucoup moins beau que celui du docteur. Il nous dit qu'il en portait déjà un pareil pendant l'autre guerre, "bleu horizon", la couleur que les Français avaient choisie comme camouflage pour se confondre avec la teinte du ciel, au lieu du kaki des autres armées. A la place des bottes, il porte enroulées autour des jambes de longues bandes de tissu qu'il faut bien attacher, car si l'épingle qui les maintient s'ouvre, tout se déroule. Cela s'appelle des bandes molletières.

Depuis qu'il est mobilisé dans l'artillerie, Papa fabrique des obus pour les canons, à Pamiers, près de Toulouse dans le Sud de la France. Bien sûr, c'est loin de la ligne Maginot, mais maman n'est pas rassurée pour autant à cause de toute la quantité de poudre entreposée qui pourrait bien exploser...

A la fin de sa permission, Papa retourne dans son usine. Il nous écrit qu'il ne fabrique pas beaucoup d'obus parce que le travail est mal organisé. Ils ont de la poudre, mais tout le reste manque. Les distractions aussi. Pour ne pas s'ennuyer, lui et ses copains vont souvent dans la campagne chasser les escargots. Ils les rapportent au cuistot pour améliorer l'ordinaire.

La vie tous les jours

Nous voilà installés à Vitré pour pas mal de temps. Maman a trouvé du travail à la poste. Elle est assise derrière un comptoir, pèse les colis et colle les timbres. Maintenant toute la ville la connaît et tout le monde l'aime bien. Ma sœur Geneviève est inscrite à la même école qu'Yvette, et moi je vais avec mon cousin Bébert à celle des garçons.

Le magasin de l'oncle a de moins en moins de bicyclettes à vendre. Les gens pensent qu'un vélo, ça peut toujours servir, d'ailleurs ceux qui ont des voitures commencent à les cacher sous des piles de couvertures dans leur garage pour qu'on ne les réquisitionne pas.

Derrière la boutique, tout au fond près d'un petit jardin, domaine des poules et des lapins, on arrive à l'atelier où il y a un gros moteur électrique, des poulies et des courroies. Ça sent bon l'essence et la peinture. L'oncle Albert et son compagnon Maurice y réparent tout ce qui peut rouler sur deux roues.

Paris Rutabaga

Tout en haut de la maison se trouve un pigeonnier. L'oncle a rapporté de la guerre de 1914 le goût des pigeons voyageurs. Ce sont des oiseaux spécialement entraînés à toujours revenir chez eux, même si on les lâche de très loin. Déjà pendant la guerre de 1870, me dit mon oncle, ils ont rendu de grands services à la France en transportant des messages fixés à leurs pattes dans un petit étui. L'oncle Albert est très fier de ses pigeons qui sont connus de tout Vitré. Chaque dimanche à midi, il ouvre la fenêtre du pigeonnier et les oiseaux, ils sont au moins cinquante, montent haut dans le ciel et tournent au-dessus de la ville avant de redescendre se poser chez eux.

Quelquefois l'oncle monte en tuer deux ou trois avec un petit pistolet, pour la cuisine. Il me dit qu'il choisit toujours les plus bêtes et que si l'on n'en mangeait pas quelques-uns de temps en temps, ils seraient vite trop nombreux.

A l'école, mes camarades disent que j'ai l'accent parisien, ce qui les fait rire. Moi je pense que ce sont eux qui parlent drôlement, mais ils sont trop nombreux pour que je puisse me moquer d'eux. Le dimanche à l'église, cela me semble aussi bizarre que tout le monde reste debout à l'entrée près de la porte. Yvette dit que c'est pour pouvoir sortir plus vite quand la messe est finie.

Au bord de la ville, dans une ancienne caserne et aussi sous des tentes, il y a le camp des soldats anglais. On aime bien aller leur dire bonjour après l'école, surtout quand ils font griller des marrons. Ils ont de drôles de casques presque aussi plats que des assiettes, qu'ils portent penchés sur une oreille, ce qui ne protège pas l'autre côté de la tête et me paraît dangereux. Ils ne parlent pas vraiment le français et nous

encore moins l'anglais, mais ils nous apprennent à chanter *It's a Long Way to Tipperary*, une marche ravigotante. Nous on leur apprend *Nous irons pendre notre linge sur la ligne Siegfried*, le dernier succès de l'orchestre de Ray Ventura, celui qui jouait déjà *Tout va très bien, Madame la marquise...*

La ligne Siegfried, c'est comme la ligne Maginot, mais du côté allemand. Tout le monde dit qu'elle est beaucoup moins bien.

La drôle de guerre

Entre le magasin et l'atelier il y a une grande salle de café où tante Reine sert du cidre aux clients qui attendent que leur bicyclette ou leur moto soit réparée. Quand il a fini son travail, l'oncle Albert vient souvent lui aussi boire une bolée et discuter des événements, comme on dit.

Justement il ne se passe rien. Les journaux appellent ça "la drôle de guerre" parce que personne ne se bat. Les Anglais et les Français ne veulent toujours pas commencer tant que les Allemands ne les attaquent pas.

Alors l'oncle raconte ses souvenirs de l'autre guerre, la "Grande", celle qu'il a faite dans la boue des tranchées pendant plus de quatre ans. Il dit comment un jour il a dû tuer un Boche (c'est le nom qu'on donne aux Allemands, pour bien montrer qu'on ne les aime pas) qui s'est trouvé tout à coup en face de lui, au coin d'une maison. Si l'oncle n'avait pas tiré le premier, c'est lui qui serait mort. Quand il a ouvert le portefeuille de l'Allemand, il a vu des photos et des lettres pareilles à celles de sa famille qu'il gardait, lui aussi, dans sa poche.

L'oncle est toujours un peu troublé quand il raconte cette histoire. Il est tout de même fier de la croix de guerre et de la médaille militaire dont on l'a décoré pour s'être bien battu.

Méfiance

On a peur des espions, on en voit partout. Sur des affiches il est écrit : "Attention, taisez-vous ! Les murs ont des oreilles !" Certaines personnes écouteraient tout ce qu'on dit pour renseigner l'ennemi. Elles feraient partie de la "cinquième colonne", invisible, composée de gens d'apparence ordinaire qui enverraient des messages de l'autre côté de la frontière aux colonnes de l'armée ennemie.

Un après-midi, la rue est tranquille. Un motocycliste s'arrête devant le magasin pour demander de l'essence. Il parle à peine. Son costume ressemble à un uniforme mais n'en est pas vraiment un, son casque est bizarre et sa moto n'a pas de marque.

Tante Reine, qui en plus de tenir le café vend aussi de l'essence en bidons, court chercher mon oncle : "Albert, viens voir un peu !"

Les voisins et les passants s'approchent. L'homme attend et ne dit rien. On chuchote : "On ne l'a jamais vu… Il n'est pas d'ici… Il n'est peut-être pas français !… Il faudrait pouvoir lui demander brusquement l'heure en allemand, pour voir s'il répond. C'est comme ça qu'on a découvert des espions… Il est sûrement de la cinquième colonne !" Le motocycliste ne parle toujours pas.

L'oncle Albert se présente : "Adjudant-chef Bonnaffoux, deuxième régiment de Chasseurs alpins de réserve, montrez-moi vos papiers !" Mais tout est en règle, carte d'identité et permis de conduire. L'homme habite un peu plus loin. Il est fatigué et n'avait pas envie de parler. Ses vêtements et sa moto sont seulement couverts de poussière et de boue.

La débâcle

Juin 1940. Tous les jours des voitures traversent la ville, venant de Paris ou de l'Est de la France, surchargées, avec des matelas, des tables, des chaises attachées sur le toit, toute la famille entassée à l'intérieur. Les Allemands sont entrés en France. La ligne Maginot ne les a pas arrêtés, ils sont passés juste à côté, par la frontière belge. Mais les

réfugiés pensent qu'ils n'iront peut-être pas jusqu'au fond de la Bretagne.

Pendant ce temps, on a vu les Anglais quitter la ville. Ils ont fait le tour de Vitré dans leurs camions une dernière fois en chantant. On a lu dans le journal qu'ils s'étaient dirigés vers la côte où des bateaux sont venus les chercher pour les ramener chez eux.

L'invasion

Les Allemands sont là !

Personne n'aurait imaginé qu'ils arriveraient aussi vite.

La "drôle de guerre" est bien finie. En les voyant passer devant

son magasin, bien en ordre sur leurs motos et dans leurs camions, l'oncle Albert a des larmes qui lui coulent le long des joues : "Quand je pense combien on s'est battus pendant l'autre guerre, on ne les aurait jamais laissés venir jusqu'ici !"

Début d'occupation

Deux officiers allemands se sont présentés aujourd'hui chez le docteur pour demander la permission de s'installer dans sa maison. Seulement dans la chambre d'amis, pour ne pas gêner. Ils parlent très bien français. Le docteur dit qu'ils sont très corrects, pour des ennemis.

Chez l'oncle Albert, mademoiselle Leduby, l'épicière, est venue nous raconter qu'un soldat allemand était entré ce matin dans son magasin. Celui-là ne parlait pas français, mais comme il montrait un bocal posé sur le comptoir, elle a compris qu'il voulait un des berlingots qui sont dedans. Il n'avait pas d'argent pour payer, alors elle le lui a donné. Il a défait le papier doré, mis le berlingot dans sa bouche et a aussitôt hurlé "Ach ! Ach !" avant de sortir en courant. C'était un cube de bouillon Viandox, ce qui nous fait beaucoup rire. Mais tout le monde reconnaît que les soldats allemands paraissent bien disciplinés. Les gens disent que ce ne seront sûrement pas eux qu'on rencontrera le soir soûls et faisant du tapage dans les rues.

Deux semaines plus tard, nous voyons arriver papa au bout du chemin qui mène à la clinique, une valise à la main. Nous étions inquiets, sans nouvelles de lui parce que la poste ne fonctionnait plus. Depuis Pamiers il a voyagé comme il a pu, en auto-stop, en charrette, en chemin de fer quelquefois, et souvent à pied. Ses chaussures sont trouées, il n'a plus de chaussettes, mais les bandes molletières ont tenu. Pour lui la guerre est finie, et nous sommes bien contents de l'avoir à nouveau auprès de nous. La France a demandé l'armistice, c'est-à-dire que plus aucun soldat français ne doit maintenant se battre.

La vie reprend

C'est de nouveau l'été et l'école est finie. Le garde champêtre est passé dans les rues informer la population, après un roulement de tambour (le sien marche avec une manivelle parce qu'il n'a jamais su se servir des baguettes), que tous les ordres viendraient maintenant de la "Kommandantur" allemande installée à côté de la mairie, dans le vieux château de la ville. Premier avis : couvre-feu à neuf heures le soir. Tout le monde doit être rentré chez soi, et plus aucune lumière ne doit apparaître. Quant aux pigeons, finie aussi la promenade du dimanche au-dessus de la ville, ils pourraient transporter des messages secrets. Au moins, ils ne sont pas confisqués.

L'oncle Albert va maintenant à bicyclette chez les paysans réparer les écrémeuses, des machines pour séparer la crème du lait et faire du beurre. On lui apporte aussi beaucoup de machines à coudre depuis que les vêtements neufs se font rares chez les marchands. Tante Reine sert toujours le cidre dans son café, et maman, derrière son guichet, expédie les lettres et les colis, quelquefois en Allemagne, pour les prisonniers.

Mon père a dû chercher un emploi. Avant la guerre il travaillait chez nous à la maison. Il dessinait des cartes postales et des affiches pour les scouts catholiques. Il décorait aussi avec un pinceau les étoles de soie des prêtres pour les grandes cérémonies. Il venait surtout de terminer un livre, *Annecy, fleur des*

monts, sur un lac de Savoie qu'il aime beaucoup, et pour lequel il avait tout fait, le texte, les photos et les dessins. Maintenant il travaille au commissariat de police. Il est "inspecteur du contrôle économique". C'est lui qui va chez les marchands vérifier si les poids et les balances sont justes, sinon il donne une contravention. L'oncle et la tante ne sont pas tellement contents, car ils ont beaucoup d'amis parmi les autres commerçants de la ville.

Mon cousin Bébert m'a fait cadeau du petit vélo qu'il utilisait autrefois. Je n'aurais peut-être jamais appris à faire de la bicyclette si j'étais resté à Paris. Quand il a fini d'aider son père à l'atelier, nous partons faire une promenade. Rip nous suit les oreilles au vent, en tirant la langue.

Retour à Paris

Septembre 1940. Comme on ne se bat plus avec l'Allemagne, mon père a décidé que nous allions rentrer à Paris dans notre appartement du quartier de Belleville, près du parc des Buttes Chaumont où j'allais autrefois faire des tours de manège.

Maman retire les housses qu'elle avait posées sur les fauteuils avant notre départ en vacances l'année dernière, ce qui me semble maintenant bien loin. Ma sœur et moi retrouvons notre chambre. Le Meccano et le train électrique sont toujours dans leurs boîtes sous mon lit. J'imagine que les oiseaux sont contents d'être revenus à leur place, devant la grande fenêtre de la salle à manger. Nos masques à gaz sont toujours dans leurs boîtes de fer, dans le placard aux balais. Je me souviens du jour où nous étions allés les chercher, en même temps que tous les habitants du quartier. Je devais avoir six ans et tout le monde parlait déjà des risques de guerre. Les masques en toile ou en caoutchouc sentaient mauvais et faisaient aux gens des têtes d'insectes. En essayant le mien, j'ai cru étouffer. J'espère bien que nous n'aurons jamais à nous en servir.

Nous retrouvons aussi notre paroisse, dont l'église, Saint-Jean-Baptiste-de-Belleville, est au bout de la rue, avec Monsieur le curé et tous ses abbés. Je reprends ma place d'enfant de chœur le dimanche à la grand-messe, en surplis blanc et soutane rouge. C'est aussi le retour à l'école, celle des filles et celle des garçons, dont nous sortons chaque jour bien en rang deux par deux, les petits devant, les plus grands derrière.

Mon père doit de nouveau chercher du travail. Il voudrait bien pouvoir faire d'autres livres, mais ce n'est plus possible maintenant. En attendant il est bien forcé d'accepter la proposition de l'oncle Gaston, le mari de sa sœur, tante Amélie, de venir travailler comme ouvrier à Montreuil dans son usine de mécanique.

Tous les matins, quand je me lève pour aller à l'école, j'aperçois mon père qui s'en va vêtu d'un bleu de travail, la musette contenant son repas de midi sur l'épaule.

Première alerte

Une nuit, nous sommes couchés depuis longtemps quand les sirènes retentissent. Elles sont installées à côté, au sommet des réservoirs d'eau de la rue du Télégraphe (l'endroit le plus élevé de Paris, un mètre de plus que Montmartre, ce qui fait la fierté du quartier). Nous avions déjà entendu hurler les sirènes, mais c'était seulement un essai, pour voir si elles marchaient. Cette nuit, cela veut dire que des avions vont vraiment venir bombarder Paris !

Il est quatre heures du matin. Nous mettons nos manteaux et descendons nous mettre à l'abri dans le métro. Notre station est l'une des plus profondes de Paris et mon père dit souvent que c'est un endroit bien plus sûr que la cave de notre immeuble, qui pourrait s'écrouler et nous ensevelir si une bombe venait à tomber juste dessus.

Tous les gens du quartier sont là. Beaucoup sont venus avec leur tabouret pliant, des couvertures et des bouteilles thermos. Les chemises de nuit et les pyjamas dépassent des manteaux. Les dames tricotent. Certains jouent aux cartes. Je retrouve mes copains Naudinat et Desrumeaux qui proposent d'aller marcher sur les rails puisque le courant électrique est coupé. Et pourquoi pas continuer jusqu'à la station voisine en passant par le tunnel ? Nous y retrouverons sûrement des camarades. Vu de la voie, le tunnel paraît haut et inquiétant, on y voit à peine et on se tord les pieds sur les cailloux entre les traverses. Et si

l'alerte était finie et le courant rétabli ? "On entendrait les coups de sifflet pour nous prévenir !", assure Naudinat qui est le plus grand. A peine apercevons-nous les lumières de la station Pyrénées, que nous faisons demi-tour. Le lendemain, nous apprenons que c'étaient les usines Renault à Billancourt qui étaient visées. Une bombe est même entrée dans

une maison voisine par la cage d'escalier et
a explosé dans la cave, tuant les gens qui se croyaient protégés.
Mon père dit que le métro, c'est bien l'abri le plus sûr.

Maréchal, nous voilà !

Le maréchal Pétain est le nouveau chef de l'État. C'est le sauveur de la France comme il est dit dans la chanson que nous apprenons en classe et qui commence par : "Maréchal, nous voilà !" On voit sa photo partout, à l'école et dans les vitrines des magasins. A la sortie des classes, on nous demande d'aller vendre dans la rue des cartes postales avec son portrait, sur lesquelles il est écrit : "J'ai fait don de ma personne à la France." Nous recueillons l'argent dans des boîtes de fer marquées "Secours national", pour aider les pauvres et les personnes âgées.

A l'école on nous donne aussi des biscuits et des bonbons vitaminés, pour nous fortifier. Mais les biscuits n'ont pas de chocolat et les bonbons sont des pastilles roses qui ont un drôle de goût.

Un jeudi, il y a une grande fête au Vélodrome d'Hiver pour tous les enfants des écoles de Paris. La chanteuse Fréhel, une très grosse

dame vêtue de bleu-blanc-rouge, nous fait encore reprendre en chœur *Maréchal, nous voilà* ! Nous chantons aussi *Là-haut sur la montagne*, une autre chanson apprise à l'école qui raconte comment Jean, un jeune berger, a vu son vieux chalet vermoulu emporté par la bourrasque et le mauvais temps. Alors, "Jean, d'un cœur vaillant, l'a reconstruit plus beau qu'avant", comme on nous dit de le faire aujourd'hui pour la France.

On nous parle d'ailleurs beaucoup de montagne et d'air pur. Ma sœur lit *Premier de cordée*, un roman qui a un grand succès. Elle me dit que c'est l'histoire d'un guide savoyard attiré par les sommets de plus en plus hauts et l'air vivifiant qui s'y trouve. Mais le livre se termine mal, car le guide meurt foudroyé pendant un orage et reste gelé comme une statue, tout en haut de sa montagne.

Demander pardon

Monsieur le curé dit que nous devons prier pour nous faire pardonner. La France a commis beaucoup de péchés. Heureusement, il y a la Sainte Vierge à qui s'adresser, car la France a été mise spécialement sous sa protection. Elle demandera sûrement à son fils Notre Seigneur qu'il veuille bien pardonner et sauver les Français. D'ailleurs la Sainte Vierge a toujours aimé la France puisqu'elle a choisi Lourdes pour y apparaître et y faire des miracles. Et quelle est la personne la mieux placée pour convaincre son fils si ce n'est sa mère ?

La mienne nous fait souvent réciter, le soir, à ma sœur et moi, une prière qu'elle aime beaucoup, où nous disons "et j'ai mis cent sous, le poids de mes péchés". Cent sous, cela fait cinq francs, et je ne comprends pas pourquoi on propose toujours la même somme d'argent pour se faire pardonner ses péchés, les petits comme les grands. C'est en lisant la prière écrite que je comprends finalement qu'il faut dire "et gémissant sous le poids de mes péchés".

Au catéchisme, ma sœur et moi nous faisons maintenant partie des "Croisés". Chaque semaine nous devons remplir un bulletin, qu'on appelle un "trésor", en y marquant des bâtons dans deux colonnes - une pour les péchés et une autre pour les bonnes actions - et que nous remettons le jeudi à notre "zélateur", un grand plus âgé que nous. Les péchés, c'est bien sûr facile à trouver, comme dire des gros mots, mentir ou se mettre en colère. L'autre colonne, c'est plus compliqué.

On ne trouve pas tous les jours un aveugle à qui faire traverser la rue. Alors ma sœur et moi, nous sommes d'avis qu'aller chercher le pain, ça compte pour une bonne action, et nous avons toujours un ou deux bâtons de plus dans la bonne colonne.

Une exposition

Mais tout le monde ne croit pas en Dieu. Sans compter les paresseux qui préfèrent rester au lit le dimanche au lieu d'aller à la messe, il y a aussi les communistes, les francs-maçons et les Juifs. Les communistes sont athées, on dit que les francs-maçons osent marcher sur un crucifix au cours de leurs cérémonies secrètes ; quant aux Juifs, ils refusent de reconnaître Jésus Christ comme le véritable Messie. Il paraît que ce sont tous ces gens-là qui ont fait le malheur de la France.

A Paris, sur les grands boulevards il y a une exposition intitulée "Le Juif et la France" pour nous apprendre justement comment reconnaître les Juifs, puisqu'on doit s'en méfier. Ils auraient un grand nez crochu, ne seraient pas très propres et ne penseraient qu'à gagner de l'argent. Notre instituteur propose de nous y conduire, puisque les élèves des écoles sont spécialement invités et que pour eux, le jeudi, l'entrée est gratuite. Mes parents pensent pourtant que ce n'est pas un sujet à montrer aux enfants et je n'y vais pas.

Des petites affiches sont apparues sur les vitrines de certains magasins. Il y est écrit "ÉTABLISSEMENT JUIF". On les voit souvent chez les marchands de vêtements et aussi de chaussures, qui sont nombreux à Belleville. C'est sans doute pour nous dire d'éviter d'y entrer. Bien sûr on n'en tient pas compte. Les commerçants de notre quartier, nous les connaissons et nous les aimons bien. De toute façon, il y a de moins en moins de marchandises à vendre et tout le monde dit qu'elles ne sont plus de bonne qualité.

Les chaussures ont maintenant des semelles de bois qui claquent quand on marche. D'autres ont des semelles en liège ou en contre-plaqué fendu pour pouvoir se plier, mais il paraît qu'elles sont moins solides. L'oncle Gaston nous a donné un vieux pneu de sa voiture que mon père a découpé pour clouer des morceaux sous nos chaussures. Cela fait de bons ressemelages.

Les dames se plaignent de ne plus trouver de bas. Mes trois cousines de Montreuil, qui sont très élégantes, se teignent les jambes avec du brou de noix acheté chez le marchand de couleurs et dessinent ensuite une fausse couture avec un crayon. Elles disent que toutes leurs amies en font autant. C'est très joli, mais bien sûr cela ne tient pas chaud.

Tout le monde a du mal à s'habiller. Pourtant on rencontre quelquefois des jeunes gens bizarres, les "zazous", qui portent des costumes incroyables. Des vestes trop grandes aux revers pointus sur des pantalons trop courts, d'énormes nœuds papillons avec des gros pois de couleur, des chapeaux tout petits et des chaussures à semelles de crêpe débordantes. Les filles ont des coiffures bouffantes, d'immenses chapeaux et des jupes qui n'arrivent même pas jusqu'aux genoux.

Le ravitaillement

Mais la grande affaire, c'est de trouver à manger. Il faut des tickets pour acheter ce dont on a besoin, et chacun a sa carte d'alimentation, d'une catégorie différente selon son âge, depuis J1 pour les bébés jusqu'à V pour les vieux. Ma sœur et moi nous sommes J2, ce qui nous donne droit à plus de pain, de lait et de viande que les adultes, et quand nous aurons seize ans nous serons J3, à moins bien sûr que la guerre ne soit finie d'ici là.

On fait beaucoup la queue devant les magasins, surtout lorsqu'ils vendent des produits sans tickets, comme les poireaux ou les pommes de terre. Souvent il faut attendre très longtemps, et maman nous demande d'aller la remplacer. Le pliant est devenu indispensable. On peut aussi acheter des rutabagas. Ils sont sans tickets et on n'a même pas besoin de faire la queue pour les acheter, parce que ce n'est pas vraiment bon. Ce sont de gros navets qui servent d'habitude à nourrir les

bêtes à la campagne.

Avec les pommes de terre on fait toutes sortes de plats, même des gâteaux si on a un peu de sucre. A la place du café on fait griller de l'orge, on appelle ça un *ersatz*, un mot allemand pour dire que c'est un produit de remplacement. Le tabac aussi est rationné, et les fumeurs se fabriquent des cigarettes avec des feuilles de menthe ou d'eucalyptus, ou encore avec des pétales de fleurs. Mais chez nous personne ne fume.

Il y a aussi le marché noir. Il paraît qu'on y trouve de tout, mais à des prix exorbitants. Mon copain Pignel, le fils du marchand de lunettes, me dit que chaque semaine ses parents achètent un gros bifteck. C'est cher bien sûr, mais c'est très bon. Tante Odette a un ami, monsieur Perroneau, qui travaille à la préfecture avec les Allemands (elle en parle à voix basse) qui lui apporte de temps en temps un cadeau caché dans un journal, une bouteille d'huile ou un gigot.

Heureusement pour nous, tante Reine ne manque jamais d'envoyer un colis chaque fois qu'elle peut. Il y a toujours dedans un poulet ou un lapin, du beurre et du lard. De quoi tenir. De temps en temps, on reçoit aussi un pigeon.

Et puis à la fin de l'été, quand il fait beau, nous prenons le train le dimanche en emportant toutes nos boîtes à pique-nique et nous allons cueillir des mûres dans les buissons. Cela fait un bon dessert pas cher et sans tickets. Nous pourrions aussi ramasser des champignons, mais mes parents disent que c'est trop dangereux et qu'on risquerait d'attraper la colique, ou pire...

La vie de famille

Mon père n'est plus ouvrier à Montreuil. Il a repris son métier de dessinateur, enfin presque. Il est maintenant professeur de dessin dans des écoles chic des beaux quartiers. Certains de ses élèves portent même des noms illustres – Murat, Broglie, Dampierre –, mais cela ne les rend pas forcément plus doués pour respecter les lois de la perspective, sur lesquelles mon père est très pointilleux. Le soir, quand il rapporte leurs devoirs à la maison pour les corriger, on écarte les chaises et on pose les dessins sur le tapis. Le sujet est chaque fois le même pour toute la classe, un vase de fleurs ou des pommes sur une assiette, ou surtout un paysage avec un angle de rue, une maison

et un arbre, l'exercice le plus important que chaque élève doit traiter au moins une fois dans l'année. Toute la famille donne son avis, jugeant de la bonne place des points de fuite et de la ligne d'horizon, et aussi des couleurs, bien que les dessins des mauvais élèves soient souvent les plus amusants.

Les grands jours, papa se met au piano. Il soulève avec soin le couvercle du clavier, retire la longue bande de soie qui protège l'ivoire des touches, qu'il a lui-même peinte à la main, ajuste la hauteur du tabouret et nous joue *La Marche turque* de Mozart ou *Le Printemps* de Mendelssohn, ses airs favoris. Pour finir, nous lui réclamons toujours *L'Invitation à la valse* de Weber, le morceau préféré de ma mère.

En plus de préparer les trois repas de la journée, de s'occuper du ménage et de faire la queue chez les commerçants, ma mère fait aussi le tour des libraires pour vendre *Annecy, fleur des monts*, le livre de papa. Il en reste encore plusieurs milliers rangés par douze le long du mur de la chambre sur la cour ; c'est là que mon père a installé son laboratoire de photo et l'établi où il transforme les pneus en semelles de chaussures. Ma mère va encore à la poste expédier les commandes et dit que les livres, c'est lourd à porter.

Ma sœur voudrait être danseuse à l'Opéra. Elle conserve dans une boîte des photos dédicacées de danseuses étoiles, surtout celles d'Yvette Chauviré, sa préférée, et s'est acheté des chaussons roses. Les après-midi sans école j'entends ma sœur et son amie Josette, qui a la même passion pour la danse, s'exercer à faire des pointes en traversant le salon.

Une fois par semaine nous allons au cinéma. Il y a trois salles tout près de chez nous, le Féerique, l'Alcazar et le Florida, plus les Folies-Belleville et le Ménil-Palace un peu plus loin. Chacune donne un nouveau programme tous les mercredis. Beaucoup de films se passent au siècle dernier, comme *Les Misérables*, *Le Comte de Monte-Cristo*, ou *Pontcarral colonel d'Empire*. Ou encore en 1900, comme *Le Mariage de Chiffon*, à l'époque des ombrelles et des premières autos qui pétaradent et secouent leurs passagers, ce qui nous fait toujours rire. Les beaux costumes et les bals aux chandelles nous changent des semelles de bois et des tickets de rationnement.

Nous avons enfin un poste de TSF à la maison. Mon père refusait toujours d'en acheter un, disant que c'était trop cher et qu'on n'y entendait que des bêtises. Mais il faut bien pouvoir écouter la radio anglaise comme tout le monde. Bien sûr, c'est défendu, et nous réglons le poste très bas, comme tout le monde aussi, à cause des voisins qui pourraient nous dénoncer.

Chaque soir l'émission commence par quatre coups sourds, "boum, boum, boum, boum…", un peu mystérieux, et puis "Ici Londres, les Français parlent aux Français". Il faut bien tendre l'oreille à cause du brouillage, et aussi parce que l'émission disparaît complètement par moments. On nous dit que la guerre est loin d'être terminée et que les

Allemands finiront bien par la perdre. C'est vrai qu'il y a à Londres un général français dont personne n'avait jamais entendu parler, le général de Gaulle, qui a demandé qu'on vienne le rejoindre pour continuer à se battre aux côtés des Anglais. Mais ici personne ne croit vraiment que, tous ensemble, on pourrait gagner la guerre.

Paris la nuit

La nuit, la ville devient toute noire. Dès le soir tombé, c'est le couvre-feu. Plus aucune lumière ne doit s'apercevoir des maisons, pas même la moindre lueur à la jointure des rideaux. Les fentes des volets ont toutes été bouchées avec du papier journal ou des morceaux de chiffons. Les réverbères sont recouverts d'une peinture bleue à peine transparente,

comme les phares des rares voitures et ceux des bicyclettes, qui ont le droit tout de même de conserver une fente pour laisser passer un peu d'éclairage. Cela n'empêche personne d'aller rendre visite à ses amis. Il suffit d'em-

porter une lampe de poche peinte en bleu elle aussi, qu'on allume furtivement en cas d'obstacle, et de rentrer chez soi avant onze heures pour ne pas risquer d'entendre le pas botté d'une patrouille allemande.

Une rentrée de tous les dangers

Octobre 1941. Finie l'école primaire, j'entre en classe de sixième au lycée Voltaire. Ma sœur, elle, continuera d'aller à l'école paroissiale jusqu'au brevet. Elle apprend aussi la couture et le piano. Mon père dit que pour une fille, c'est très bien, mais que pour les garçons, c'est différent. On doit passer le baccalauréat, et ensuite parfaire ses études dans une grande école d'ingénieurs par exemple, puisque j'aime jouer au Meccano. On me voit déjà à l'École des Arts et Métiers et même, pourquoi pas, à Polytechnique.

L'abbé Ledeur, notre aumônier, nous a souvent prévenus des épreuves que nous allions affronter, mes camarades et moi, en rentrant dans l'enseignement public parmi des gens sans religion. Il nous a même comparés aux premiers chrétiens jetés dans la fosse aux lions à Rome autrefois, ou à sainte Blandine, qui a préféré se laisser piétiner par un taureau furieux plutôt que de renier sa foi. Il faudra être courageux nous aussi, beaucoup prier et faire en sorte que notre ange gardien soit fier de nous.

Le jour de la rentrée, je m'attends au pire. Pourtant rien n'arrive. Le surveillant général passe même dans la classe demander, sans se moquer, le nom de ceux qui désirent s'inscrire au catéchisme. Seul le professeur d'histoire m'inquiète. Selon lui, le Déluge, l'Arche de Noé et la traversée de la mer Rouge ne sont que de vieilles légendes, inspirées par les cataclysmes et les raz de marée qui ont bouleversé la Terre il y a bien longtemps. Comme je ne dis rien, je crois entendre frémir les plumes de mon ange gardien.

Toute la classe ou presque choisit l'allemand comme langue étrangère. L'avis général est que, malheureusement, il faut vivre avec son temps. Deux élèves tout de même lèvent le doigt : ils tiennent à apprendre l'anglais. On se demande à quoi cela pourra bien leur servir.

Notre professeur de chant, mademoiselle Merleau, est entièrement vêtue de vert, du chapeau jusqu'aux chaussures. Les uniformes allemands étant eux aussi de couleur verte - ou plutôt vert-de-gris - nous l'avons surnommée "Fraulein Grün", c'est-à-dire "Mademoiselle vert" en allemand. Fraulein Grün tente de nous apprendre le chœur des chasseurs du *Freischütz* de Weber. Elle dit que c'est un air viril et que nous devons prendre modèle sur les Allemands, qui savent si bien chanter en chœur. Dans un énorme vacarme nous chantons en tapant très fort des pieds, pour faire encore plus guerrier.

Sur le chemin du lycée

L'avantage du lycée sur l'école, c'est qu'il se trouve à une demi-heure de marche de la maison et que cela fait une promenade le long de rues nouvelles. Sur le chemin je retrouve toujours des copains, Loiseau, Hardy ou encore Garigues, qui fait le fier parce que son père est ténor à l'Opéra.

Le matin, les chevaux de livraison mangent leur picotin en tapant du sabot pendant que les moineaux s'affairent autour du crottin. On voit des dames en chaussons, la chemise de nuit recouverte d'un manteau, faire leurs premières courses. C'est l'heure aussi où les automobilistes tisonnent leurs gazogènes, ces étranges poêles qui fabriquent du gaz avec du bois, pour remplacer l'essence. Ça ne sent pas très bon et ne marche pas aussi bien, surtout dans les côtes.

Le soir en rentrant, on a tout le temps de s'arrêter devant les cinémas. Ils sont fermés, mais l'odeur de la salle et de ses fauteuils en peluche passe à travers les grilles et me fait rêver que le spectacle va commencer. On regarde les photos, surtout celles des films que nous n'avons pas le droit d'aller voir, où les actrices ont beaucoup de rouge à lèvres et les sourcils dessinés au crayon. Cela provoque des discussions sur les détails cachés des femmes, toujours bien mystérieux pour nous les garçons.

Les Allemands, eux, ne manquent pas d'essence pour leurs voitures, mais on en voit aussi qui se promènent à pied, car ils ont l'air de bien aimer Paris. Ils ont installé de nombreux poteaux indicateurs avec de grosses lettres noires sur fond blanc, qu'ils doivent sûrement pouvoir lire de loin. Ce sont des gens bien organisés.

Conflit général

1941. Ailleurs la guerre continue, et cela ne s'arrange pas. Londres est bombardé tous les jours. Les Anglais vont-ils devoir bientôt se rendre, eux aussi ? "L'Angleterre, comme Carthage, sera détruite !", répète chaque soir inlassablement Jean Hérold-Paquis, journaliste à Radio Paris parlant comme Caton au temps des Romains (nous dit notre professeur de latin).

Hitler a attaqué Staline, qui était pourtant son allié, et les Allemands sont entrés en Russie avec leurs tanks presque aussi facilement que l'année dernière en France. Ils sont malheureusement plus forts que tout le monde.

"Ah ! si les Américains entraient dans la guerre à leur tour, comme en 1917, cela changerait peut-être les choses..." disent mon père et mes oncles (mon père a quatre sœurs, ma mère trois frères et cela fait beaucoup d'oncles, de tantes et de cousins). Justement, à la fin de l'année, les Japonais attaquent par surprise la flotte américaine dans une île lointaine de l'océan Pacifique, et déclarent la guerre aux États-Unis. Comme les Allemands sont les alliés des Japonais, eux aussi déclarent la guerre aux Américains. C'est la guerre mondiale. La radio de Londres nous assure que c'est le début de la défaite pour les Allemands.

Nos cousins de Versailles ont la chance d'habiter une maison pour eux tout seuls. Ils nous font admirer dans leur grenier une table de ping-pong transformée en champ de bataille mondial. Les armées, les tanks et les avions sont représentés par de petits morceaux de bois peints décorés de cocardes ou de croix gammées minuscules. Les batailles navales sont les plus réussies, et les cuirassés, avec leurs cheminées et leurs tourelles de canons, ressemblent tout à fait aux vrais.

L'hiver est arrivé. Il fait très froid. Il tombe beaucoup de neige et les vitres des fenêtres sont recouvertes de givre qui fait de grands

dessins en forme d'herbes et de feuilles. Pour se chauffer, on ne trouve plus que des boulets fabriqués avec de la poussière de mauvais charbon agglomérée, qu'on brûle dans le gros fourneau de la cuisine où nous vivons serrés tous les quatre. Le soir, ma mère met son manteau pour aller tiédir les lits avec une brique chauffée au four et emmaillottée d'un torchon. Quand on se couche, il ne faut surtout plus bouger si l'on ne veut pas avoir froid.

Étoile jaune

"Travail, famille, patrie", c'est la nouvelle devise de la France qui remplace "Liberté, égalité, fraternité" d'autrefois. A propos de travail, on parle beaucoup de retour à la terre. Etre paysan est un beau métier qui doit donner aux jeunes l'envie de servir la France, en vivant à la campagne, loin des usines et des cafés. Les artisans aussi ont de beaux métiers. Les charpentiers, les potiers, les sabotiers nous donnent l'exemple : travailler de ses mains pour reconstruire la France. Le maréchal Pétain l'a bien dit, "la guerre ne doit plus concerner les Français".

Ce n'est pas l'avis de ceux qui, dans la Résistance, attaquent par surprise les soldats allemands et font dérailler les trains. Les journaux disent que ce sont des terroristes et des saboteurs. Après chaque attentat les Allemands arrêtent des gens parmi la population et préviennent qu'ils vont les fusiller en représailles. Sur les murs, des affiches annoncent la mort des otages ou montrent les photos des terroristes recherchés, souvent accusés d'être en plus des Juifs ou des communistes.

Depuis le printemps, les Juifs doivent avoir une étoile jaune cousue sur leur vêtement, où est écrit le mot "Juif". Dans ma classe, au lycée, plusieurs élèves en portent une sur le col de leur veste et celui de leur manteau. Mademoiselle Rosenthal, qui vient tous les jeudis à la maison donner des leçons de piano à ma sœur, est donc juive : on aperçoit son étoile à moitié recouverte par les longs poils du manteau de fourrure qu'elle ne quitte jamais. Elle est plutôt gentille, même si elle fait un peu peur à ma sœur quand elle lui reproche ses fausses notes.

La grande rafle

Juillet 1942. C'est le début des vacances. Ce matin toute la famille s'est retrouvée comme d'habitude dans la cuisine pour le petit déjeuner. Ma mère semble bouleversée, elle est toute blanche. A cinq heures, elle a été réveillée par des cris, des coups frappés fort, "Police, ouvrez !", et encore des pleurs et des lamentations. Elle n'a pas pu se rendormir et est étonnée qu'on n'ait rien entendu. Cela venait de la cour où habitent des familles pas très riches. Un peu plus tard, en se penchant à la fenêtre, elle a vu des agents de police faire monter des gens dans des autobus. Nous avons appris que tous les Juifs habitant le quartier ont été arrêtés et rassemblés au Vélodrome d'Hiver, avant d'être emmenés on ne sait pas où.

A Belleville, au fond des cours derrière les immeubles, il y a de nombreux ateliers de maroquinerie, des fabriques de chaussures, appartenant souvent à des Juifs. Le cuir, c'est un peu la spécialité du quartier.

Monsieur le curé est venu nous rendre visite comme il le fait de temps en temps auprès de ses paroissiens les plus fidèles. Il nous reparle de la Sainte Vierge que nous devons prier plus que jamais puisque, nous le savons, elle aime tout spécialement la France. C'est sûrement grâce à sa protection que les Français n'ont pas trop à souffrir des Allemands, qui pourraient après tout être bien pires, comme ennemis. Eux aussi sont comme nous des chrétiens, ne l'oublions pas. Nous nous mettons à genoux et Monsieur le curé nous bénit en latin, à voix basse, la tête un peu penchée.

Au moment de partir, près de la porte, ma mère dit : "Mais Monsieur le curé, vous trouvez que les Allemands se conduisent bien, pourtant ce qu'ils viennent de faire aux Juifs, les arrêter par familles entières pour les conduire dans des camps de travail probablement, ce n'est pas bien. C'est horrible. J'y pense tous les jours !" - "Ah ! Madame Besson, les Juifs, ils ont laissé condamner Jésus, autrefois sur la Croix ! Nous savions qu'un jour ou l'autre, ils auraient des ennuis, que voulez-vous..."

En vacances

Avec ma sœur, je retourne à Vitré pour les vacances. Nous avons de la chance d'avoir de la famille en Bretagne. Beaucoup de nos camarades restent à Paris tout l'été.

Il y a toujours des officiers allemands dans la maison du docteur, mais ce ne sont plus les mêmes. On dit que les nouveaux ne parlent pas du tout français et sont beaucoup moins corrects. Ils occupent non seulement les chambres d'amis, mais la maison tout entière. Le docteur, sa femme et ses deux filles ont dû s'installer dans les chambres prévues pour les malades, celles que nous avions louées il y a deux ans.

Maintenant que je peux monter sur un grand vélo, j'accompagne l'oncle Albert quand il va chez les fermiers réparer les écrémeuses. Nous prenons le tandem, une grande bicyclette à deux places qui va bien plus vite. L'oncle conduit et moi je n'ai qu'à pédaler. Les chemins sont bordés de haies et de toutes sortes d'arbres. Nous savons que nous approchons à l'odeur des étables et des écuries, en même temps que les premières poules courent se cacher dans les fourrés. Après un dernier tournant notre arrivée dans la cour de la ferme provoque toujours un grand concert de canards, de chiens et de cochons.

Il n'y a pas d'électricité dans la campagne et les écrémeuses fonctionnent à la manivelle. Mon oncle les démonte, moi je l'aide en posant les vis et les écrous sur une table et en les surveillant, car ils sont toujours prêts à rouler par terre. Il me chuchote souvent que la machine avait juste besoin d'un bon coup de chiffon, le lait séché bloquait les engrenages.

Quand le travail est fini, les paysans nous invitent dans la pièce commune au sol de terre battue, avec la grande cheminée et un lit à chaque coin. On boit du cidre, avec un seul bol pour tout le monde. L'oncle Albert boit d'abord, ensuite chacun trempe ses moustaches, et moi je bois le dernier parce que je suis le plus jeune. On parle des événements, du ramassage des produits de la ferme par les Allemands. Heureusement, tout le monde se débrouille pour

ne pas tout leur donner, et mon oncle rapporte toujours une motte de beurre ou un poulet dans la sacoche du tandem, cachés sous les outils.

Le soir, lorsque le magasin est fermé, on écoute la radio anglaise, la BBC. Les émissions sont toujours brouillées par les Allemands avec un sifflement à trois notes, mais on arrive tout de même à entendre les nouvelles. Depuis qu'ils ont envahi la Russie, on dirait que les Allemands ont renoncé à bombarder Londres. Peut-être ont-ils du mal à être partout à la fois. Le moment que nous attendons le plus est celui des messages personnels. Nous faisons tous attention comme si les messages nous étaient destinés. Mon oncle dit qu'ils annoncent des choses très importantes, des livraisons d'armes ou peut-être même l'arrivée de parachutistes. "Le loup a mordu l'agneau, deux fois.... L'hirondelle ne fait pas le printemps... Les carottes sont cuites, trois fois." Nous nous demandons bien ce que cela veut dire, mais les résistants, eux, doivent sûrement le savoir.

Le dimanche, toute la famille se retrouve à bicyclette pour aller à la pêche. L'oncle Albert et la tante Reine filent devant sur le tandem, les cannes et les épuisettes accrochées le long du cadre. Yvette, Bébert, ma sœur et moi nous les suivons du mieux que nous pouvons, Rip installé pour une fois dans un panier. Les étangs sont nombreux aux alentours de Vitré et les poissons se laissent facilement attraper.

L'après-midi, quand je ne fais pas de balades à bicyclette avec mon cousin Bébert, je m'installe sur une table dans le café de tante Reine et je dessine. Des sujets de guerre, bien sûr. Les Anglais et les Américains se battent contre les Allemands et sont toujours les plus forts !

Une minute de silence

Octobre 1942. C'est la rentrée au lycée Voltaire. Me voilà maintenant en classe de cinquième. La journée commence par le cours de latin de monsieur Baboulène, un vieux bonhomme chauve avec une barbiche blanche que nous connaissons bien. On fait l'appel. Presque tous mes camarades de l'année dernière sont là. Ensuite c'est le cours de français et puis celui de mathématiques, pour lesquelles je ne suis pas vraiment doué, ce qui n'annonce pas une entrée facile à l'École polytechnique et attriste mon père.

L'après-midi nous faisons la connaissance de notre professeur d'histoire et de géographie. Il est nouveau. Son nom est Guillermin, il vient de Toulouse et a un léger accent du midi. "Vous avez certainement remarqué, ici comme dans les autres classes, que quelques-uns de vos camarades ne sont pas rentrés. Je veux parler de ceux qui portaient l'étoile jaune. Vous avez pris des vacances, eux aussi sont partis. Mais là où ils sont allés, je ne pense pas que ce soient vraiment des vacances. Bien sûr, personne ne peut dire où ils sont. Probablement loin, dans un camp, à faire des travaux pénibles, comme de casser des cailloux pour réparer les routes. Peut-être reviendront-ils un jour, peut-être ne les reverrez-vous jamais. Personne ne peut savoir. Je vous demande de penser à eux, vous qui avez la chance d'être dans ce lycée, et aussi près de vos familles." Pendant quelques instants on ne dit plus rien, et puis la classe commence.

Neige et glace

Janvier 1943. L'hiver semble encore plus froid que le précédent. Il y a beaucoup de neige et de boue partout. Mais cela n'est rien à côté de l'hiver russe que l'on peut voir au cinéma, aux actualités. D'ailleurs, cela commence à ne plus aller si bien pour les Allemands. Pour la première fois, les tanks recouverts de neige sont pris dans les glaces. Les divisions allemandes n'avancent plus. Autour de Stalingrad, la bataille est terrible et dure tout l'hiver. Le maréchal von Paulus s'est laissé encercler. Il doit capituler et est fait prisonnier avec toute son armée ! Un peu partout sur le reste du front, les Allemands doivent souvent maintenant reculer. Radio Paris et les journaux nous expliquent qu'il s'agit de "replis stratégiques" calculés pour regrouper les forces avant de mieux passer à l'attaque. Mais la radio de Londres, pour

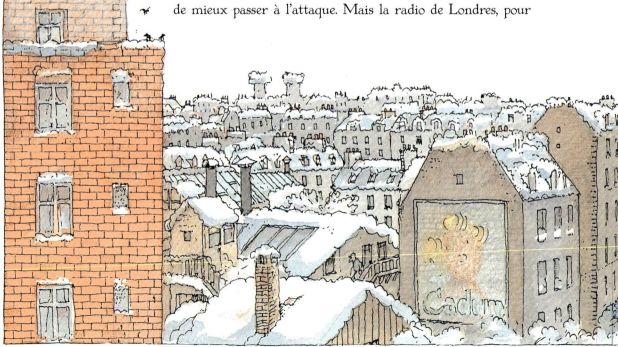

se moquer, en a fait une chanson qui nous fait beaucoup rire : "Ha... ha... ha... ha... c'est la retraite élastique ! Ha... ha... ha... ha... y'a rien d'plus chouette que c'truc-là !"

Tout le monde parle maintenant du STO, le Service du travail obligatoire. Les hommes âgés de vingt et un à vingt-trois ans doivent aller en Allemagne travailler dans les usines d'armement. Mes cousins de Versailles, Robert et Lucien, ceux qui tiennent une carte de la guerre dans leur grenier, ne sont pas trop inquiets, car ils travaillent déjà pour les Allemands ici à Paris, à l'imprimerie de *Signal*, le magazine allemand, et ils espèrent être exemptés du voyage. Mais pour tous les autres, il n'y a qu'à obéir, ou alors aller se cacher. Dans notre quartier quelques jeunes gens disparaissent. On dit à voix basse qu'ils sont allés rejoindre la Résistance.

Deux vocations

Un jeudi - c'est le jour du cathéchisme - l'abbé Ledeur interrompt nos jeux et nous dit : "Mes garçons, j'ai une grande nouvelle, une très grande nouvelle à vous apprendre aujourd'hui ! Mettons nous d'abord à genoux et prions… Notre Père qui êtes aux cieux, que votre règne arrive… Mes enfants, remercions le Seigneur ! Je vous annonce que le Saint-Esprit s'est posé sur l'un d'entre vous, sur la tête de votre camarade André Schreiber, qui m'a dit comment soudain il s'était senti appelé. Je vous l'annonce solennellement : notre ami Dédé veut devenir prêtre ! C'est une grande chance que nous avons, car il pourra prier pour nous tous."

Dédé Schreiber est là, à genoux comme tout le monde, et j'essaie d'imaginer la colombe blanche qui est posée sur sa tête, que personne ne peut voir bien sûr puisque le Saint-Esprit est invisible. Il a dix ans, comme moi, de grosses joues et est plutôt timide. Il rougit. Ses parents sont boulangers. C'est un bon camarade, mais pas un très bon élève, il n'a jamais pu entrer en sixième au lycée. "Comment va-t-il pouvoir se débrouiller ? dit mon père. Il faut faire des études pour être prêtre, au minimum l'équivalent du baccalauréat."

Quelques mois plus tard, Schreiber revient un jeudi nous voir au patronage. Il est entré au séminaire et on lui a promis qu'il pourrait devenir prêtre grâce à une dispense, car sa vocation est très forte. Il nous dit que d'ici quatre ans il aura le droit de porter une soutane.

Maurice Escudier est venu rendre visite à mon père. Escudier est un "grand" pour moi. La première année où je suis allé à l'école, c'est lui qui me ramenait le soir à la maison, c'était son chemin à lui aussi. C'est un bon élève et un garçon sérieux qui plaît bien à mes parents.

Aujourd'hui il est là pour demander conseil. Il veut s'engager dans la LVF, la Légion des volontaires français contre le bolchevisme. Mon père trouve qu'il est bien jeune pour aller faire la guerre sur le front russe. "Je vais avoir dix-sept ans, Monsieur Besson, et je veux me battre!" - "Te battre, mais pourquoi ?" - "Contre les bolchevistes ! Le communisme est la plus grande menace que la chrétienté ait jamais connue. C'est le Diable." "Mais la guerre est terrible là-bas, et les Allemands reculent." - "C'est justement pour ça qu'il faut aller les aider et que je veux m'engager!"

Quelques mois plus tard, un dimanche à l'église, au moment où la sonnette appelle les fidèles à se prosterner en silence, j'entends claquer des talons en même temps qu'un bruit métallique. En tournant un peu la tête, j'aperçois Escudier, à l'écart près d'un pilier, saluant le bras tendu comme les soldats allemands. A la sortie devant l'église, nous sommes un peu gênés pour lui serrer la main. Il porte l'uniforme allemand. Seuls le béret et l'écusson bleu-blanc-rouge marqué LVF sont différents. Il est très fier de son revolver et de son poignard, et nous dit qu'il part le lendemain pour le front de l'Est, en Russie.

Personne ne le reverra.

Un avion tombe

Il y a bien longtemps que nous ne descendons plus nous mettre à l'abri dans le métro pendant les alertes. Avec l'habitude, nous pensons que nous n'avons rien à craindre. Les endroits les plus souvent visés, les usines Renault et Citroën ou les gares de triage du chemin de fer, comme celle de Villeneuve-Saint-Georges, sont loin de chez nous. Les bombardements ont presque toujours lieu la nuit. Quelques instants après les sirènes, on entend le ronflement grave et régulier des forteresses volantes, en même temps que les premières détonations de la DCA - la défense allemande anti-aérienne. Nous voyons descendre lentement les fusées éclairantes accrochées à des parachutes. Pendant quelques instants, la lumière est aussi blanche que si c'était le jour. Et puis tout le ciel scintille de milliers de papiers d'argent lâchés par les avions. On dit que ces petites bandes métalliques virevoltantes font sur les appareils de détection le même effet qu'autant d'avions ; le réglage des canons anti-aériens devient donc impossible. Le lendemain matin, les rues sont couvertes de ces papillottes venues d'Amérique que mes copains et moi courons ramasser.

Une nuit le spectacle tourne mal. Nous sommes tous les quatre à la fenêtre, mes parents, ma sœur et moi. Au milieu des explosions des obus de la DCA on voit soudain une boule de feu. Un avion est touché. Plusieurs morceaux en flammes descendent en zigzaguant lentement, comme des feuilles mortes. Mon père dit : "Ah ! les pauvres types qui sont là-dedans !"

C'est la première fois que je le vois aussi ému.

Au septième et dernier étage de notre immeuble, là où sont les chambres de bonnes, habite une dame que personne ne connaît très bien car elle ne parle pas beaucoup. Les voisins croient remarquer qu'elle remonte dans son cabas davantage de provisions que d'habitude. On chuchote qu'elle cacherait un aviateur américain.

Quelques faux tickets

Le ravitaillement ne s'arrange pas, au contraire. Le pain est toujours aussi sévèrement rationné. Jojo, notre voisin belge du deuxième étage, travaille chez Farman, une usine d'aviation qui a été réquisitionnée par Messerschmitt. Il nous a rapporté une lettre A en métal, comme en utilisent les imprimeurs, le même A que l'on voit sur les cartes d'alimentation de pain, et qu'il a fabriquée en cachette avec ses collègues. A côté des tickets marqués 25 ou 50 grammes, le ticket A a une valeur variable selon les mois, mais toujours plus importante. Au moins 200 grammes.

Le soir, toute la famille se répartit le travail au mieux de son savoir-faire. C'est Maman qui est la plus habile à gratter, avec une vieille lame de rasoir soigneusement affûtée, l'inscription 25 grammes. Lorsqu'elle était jeune fille, elle était dessinatrice chez Michelin au service des cartes routières, elle en a gardé le goût du travail précis. Imprimer le A est de loin l'opération la plus délicate, et c'est mon père qui s'en charge. Avec de la peinture à l'huile et du vernis, il a reconstitué l'encre d'imprimerie de la bonne couleur. Il a aussi fabriqué un guide en bois pour que le A tombe bien juste là où il faut et ne soit pas de travers au milieu du ticket, auquel cas tout serait fichu. Ma sœur Geneviève et moi, nous nous appliquons à faire quelquefois des retouches, avec un crayon de couleur bien pointu.

C'est nous aussi qui allons chez le boulanger avec les tickets modifiés. Nos parents sont d'avis que les enfants ont toujours l'air plus innocents.

6 juin 1944

Les Alliés ont débarqué en France, en Normandie ! Au réveil ce matin, nous avons appris par la TSF la grande nouvelle, celle que nous attendions depuis si longtemps et qui semblait ne jamais arriver. Le débarquement a eu lieu sur les plages que nous connaissons bien, comme celle de Bernières où nous faisions autrefois des courses de poux sauteurs.

Je prends ma chicorée au lait en vitesse et je cours plus que je ne marche en descendant les rues vers le lycée. J'ai hâte de parler de l'événement avec mes camarades. On se bat maintenant en France, à trois cents kilomètres seulement de Paris ! Tout le monde est très excité, à part les professeurs qui font de leur mieux pour rester impassibles. Sauf monsieur Guillermin qui semble sourire. Fraulein Grün, aperçue dans un couloir, a un air sévère.

Le soir à la maison nous attendons avec impatience huit heures, l'heure des émissions de Londres. Nous apprenons que le débarquement était préparé depuis longtemps, mais le secret a été bien gardé et les Allemands qui surveillaient la côte se sont fait surprendre. Les combats sont très durs. Il doit y avoir beaucoup de morts. Mais les Anglais, les Canadiens et les Américains vont tenir coûte que coûte.

Bien sûr, Radio Paris dit exactement le contraire : que le mur de l'Atlantique est infranchissable, que les renforts allemands vont arriver et les assaillants seront rapidement rejetés à la mer. C'est vrai que les blockhaus de béton construits tout le long des côtes paraissent formidables, mais les bombardements pour les détruire doivent l'être tout autant.

Mon père a décidé lui aussi de fixer au mur une carte Michelin de la Normandie, à côté du poste de TSF. Nous avons piqué des punaises partout où les armées alliées ont débarqué, en attendant de pouvoir tendre un fil représentant la ligne de front.

Un assassinat

Philippe Henriot, qui était éditorialiste à Radio Paris, a été exécuté par la Résistance : de faux policiers se sont présentés chez lui au lever du jour et lui ont tiré dessus. Philippe Henriot parlait d'une belle voix grave tous les soirs sur Radio Paris, à huit heures moins le quart, juste avant l'émission de la BBC. C'était devenu une habitude d'écouter à la suite les deux radios échanger des arguments opposés par-dessus la Manche. Philippe Henriot disait que si les Américains et les Anglais aimaient les Français, comme ils le prétendaient, ils ne détruiraient pas les villages et les villes normandes en les bombardant et en tuant leurs habitants. Les journalistes de Londres lui répondaient que les Alliés faisaient de leur mieux pour épargner les populations, et que lui était un traître. Certains commençaient à croire que Philippe Henriot n'avait pas tout à fait tort.

Beaucoup de gens sont bouleversés par cet assassinat. Mon père dit qu'on n'a pas le droit de tuer quelqu'un pour l'empêcher de parler et de donner son avis. Toute la famille se rend au ministère de l'Information, où le corps de Philippe Henriot est exposé. La foule est nombreuse et silencieuse sur le trottoir. A l'intérieur tout le monde défile lentement dans une pièce entièrement tendue de rideaux noirs. Il y a des cierges et beaucoup de fleurs. C'est la première fois que je vois un mort. Il a le visage tout blanc et ses chaussures noires bien cirées pointent vers le plafond.

Le dernier cinéma

C'est de nouveau l'été, mais cette année, il n'est pas question de quitter la maison. Sur la carte, le fil tendu qui représente la ligne des combats se rapproche tous les jours un peu plus de Paris. Nous sommes au mois d'août, il fait très beau et très chaud.

Certaines choses commencent à manquer sérieusement. Il n'y a de l'électricité que quelques heures le soir et la pression du gaz a tellement diminué qu'on ne peut plus rien faire cuire. Le métro et les autobus ne fonctionnent plus. Mais c'est tout de même les vacances, et il faut bien s'occuper. Mon copain Naudinat a lu dans le journal qu'il restait encore un cinéma, un seul, ouvert à Paris, le Pathé-Louxor. La salle est un peu loin, boulevard Barbès. Cela nous fera au moins une heure de promenade, et nous décidons d'y aller.

Les rues sont calmes, il n'y a plus aucune circulation. La plupart des magasins sont fermés et nous ne rencontrons presque personne. A l'intérieur du cinéma il n'y a pas beaucoup plus de monde.

Le film s'appelle *Graine au vent*. C'est l'histoire d'une petite fille un peu sauvageonne qui fait l'école buissonnière. Son père s'est mis à boire parce que sa femme est partie. Mais à la fin du film la gamine, qui n'est pas si mauvaise, arrive à convaincre son père que ce n'est pas bien de boire et à le remettre dans le droit chemin.

Les Allemands s'en vont

Les Alliés sont maintenant à Rambouillet, tout près de Paris. La radio a interrompu ses émissions et il n'y a plus de journaux. On dit que Jean Hérold-Paquis, celui qui prédisait tous les soirs à Radio Paris la destruction de l'Angleterre, comme Carthage, s'est enfui en Allemagne. Les autres journalistes doivent probablement faire leurs valises ou alors se cacher. On dit encore que le maréchal Pétain a dû abandonner sa résidence de Vichy, les Allemands l'auraient emmené de force chez eux.

Les soldats allemands commencent à s'en aller, eux aussi. Rue de Belleville, celle qui traverse la place de l'église et conduit à la porte des Lilas, je vois passer des voitures, des motos, des camions, dans un grand désordre. Les soldats sont fatigués, ils ont l'air d'avoir peur. Ils sont vieux ou alors très jeunes, de l'âge des grands frères de mes copains. Ils sont mal habillés, les uniformes semblent avoir été boutonnés à la hâte.

Une Mercedes décapotable monte la rue dans un grand bruit de ferraille avec un pneu crevé. Les gens se moquent et crient des injures. Une traction avant Citroën grise munie d'un drapeau français passe dans l'autre sens à toute allure : "Construisez des barricades !" Des planches, des meubles, des matelas sont empilés à l'entrée de la place de l'église pour fermer le passage. Le premier camion allemand qui se présente est forcé de s'arrêter. Les soldats, peu nombreux, reçoivent des crachats. Certains voudraient leur donner des coups. Le camion bouscule la barricade et finit par passer.

Parmi la foule, je vois apparaître des brassards bleu-blanc-rouge avec les lettres FFI, ce qui veut dire Forces françaises de l'intérieur. Un homme tient un revolver, un autre un fusil de chasse, mais je ne suis pas sûr que ce soient de vrais résistants.

La Bataille de Paris

24 août. Les Allemands ne sont pas tous en train de quitter Paris. Certains sont décidés à se battre. On entend des tirs de mitrailleuse, des explosions, des coups de canon. Une nouvelle radio a remplacé Radio Paris, elle s'intitule la Radiodiffusion française. On y apprend que les FFI se battent pour chasser les dernières unités de l'armée allemande qui ne veulent pas se rendre. Les combats sont sérieux place de la République, pas loin de chez nous, où se trouve une caserne allemande, et même encore plus près, aux Buttes-Chaumont.

Dans l'après-midi la rumeur se répand que les premiers soldats alliés seraient entrés dans Paris ! Des Français de la division du général Leclerc qui seraient arrivés place de l'Hôtel-de-Ville. Comme l'électricité est coupée, et avec elle la radio, personne ne peut en savoir davantage.

Le soir, dans la rue je rencontre Jean Beaudry qui habite en face. Son oncle et sa tante sont concierges de l'autre côté des Buttes. Ce matin, ils ont entendu des gens courir, des coups de feu et puis quelqu'un frapper à la porte de l'immeuble : "S'il vous plaît, laissez-moi entrer, je vous en supplie ! Ouvrez !" Tremblants de peur, ils n'ont pas bougé. Encore une fusillade, un bruit sourd et puis plus rien. Alors ils ont attendu que tout devienne calme pour enfin ouvrir la porte. Il y avait un jeune homme étendu mort sur le trottoir. Un FFI. Ils ont appris qu'il avait vingt-deux ans, qu'il était né à Varsovie. Il n'était pas français depuis longtemps et il se battait contre les Allemands. L'oncle et la tante de Jean Beaudry se sont sentis honteux.

La nuit est maintenant tombée. Il doit être dix heures. Tout est calme, les rues sont plongées dans l'obscurité. Soudain, toutes les cloches des églises se mettent à sonner, de plus en plus fort, la nôtre aussi bien sûr, à toute volée. Quel merveilleux vacarme ! Tout le monde comprend que Paris est libéré. On allume des bougies aux fenêtres, on descend dans la rue, tout le monde s'embrasse.

La première jeep

25 août. L'occupation de Paris est finie ! Les Américains sont arrivés ! Je n'ai qu'une seule hâte, et mes amis aussi, c'est d'aller voir à quoi ils ressemblent. Nous voilà partis, Beaudry, Naudinat et moi, à pied puisque le métro ne marche toujours pas, droit devant nous en nous disant qu'on finira bien par en rencontrer. La matinée est déjà chaude, il fait toujours très beau. Les rues sont désertes.

Au loin nous apercevons enfin un petit groupe autour d'une voiture militaire, à l'ombre des arbres près d'un carrefour. Nous nous approchons, très impressionnés. Ce sont quatre soldats américains dans une jeep. Ils nous sourient, nous leur serrons la main, des jeunes filles leur sautent au cou et les embrassent. Ils nous donnent des tablettes de chewing-gum - les premières que je vois - et du chocolat. Leur uniforme n'a ni bottes ni ceinturon, ni aucun autre accessoire guerrier comme celui des Allemands. Tous les quatre portent le même blouson, pourtant l'un d'eux doit être

un officier puisqu'il a trois petits galons peints sur son casque. Je regarde la jeep, elle n'a pas de portes, ce qui doit être sûrement plus pratique pour monter et descendre, mais elle a tout ce qu'il faut : une pelle rangée sur le côté, un treuil devant et un gros bidon d'essence accroché derrière en réserve près de la roue de secours. Sur le capot, l'emblème de l'armée américaine, une grande étoile blanche peinte au pochoir, nous paraît bien sympathique.

Paris se réveille

Les rues s'animent à nouveau. Les commerçants ouvrent leurs magasins bien qu'il n'y ait pas grand-chose à vendre. On voit partout des drapeaux aux fenêtres, américains, britanniques, et bien sûr français. Je me demande comment les gens les ont fabriqués si vite. Les combats ont cessé, pourtant quelques coups de feu claquent qui font courir les passants pour se mettre à l'abri dans les entrées des immeubles. Cela viendrait de tireurs cachés sous les toits, dans les chambres des derniers étages. On dit que ce sont des "collabos" tirant au hasard sur la foule leurs dernières balles, pour se venger d'avoir perdu la guerre.

Sur la place de l'église, une femme a été traînée et assise sur une chaise. Elle est presque nue.

On la couvre d'injures et de crachats. Un homme lui rase complètement la tête avec une tondeuse. Cela amuse la foule. On lui reproche d'avoir eu pour petit ami un officier allemand, qui bien sûr n'est plus là pour la défendre.

On découvre qu'il y avait parmi les gens du quartier de vrais résistants, comme monsieur Bertinot qu'on voyait tous les dimanches à l'église comme si de rien n'était, alors qu'il était officier dans un réseau secret. Même sa femme et ses deux enfants ne s'en doutaient pas !

Dans notre maison, la dame du sixième étage cachait vraiment un aviateur, un Canadien. Mais il est difficile d'en savoir plus, car elle est toujours aussi peu bavarde.

Rue du Faubourg-du-Temple, le long du bâtiment qui servait de caserne à l'armée allemande, juste avant d'arriver place de la République, il y a deux tas de terre qui dépassent du trottoir, surmontés de morceaux de bois en forme de croix. On dit que deux soldats allemands ont été enterrés là par leurs camarades.

Le Général est là

Le général de Gaulle est arrivé à Paris ! Il a descendu les Champs-Elysées à pied jusqu'à la place de la Concorde et ensuite il est allé à Notre-Dame assister à un *Te Deum*. Nous écoutions le reportage à la radio quand on a entendu des coups de feu ! Le reporter s'est affolé, comme tous les gens à l'intérieur de la cathédrale à en juger par les cris qui nous parvenaient dans le haut-parleur. Il paraît que tout le monde s'est couché par terre, sauf le général de Gaulle qui est resté fièrement debout.

Les journaux paraissent de nouveau. Mais bien sûr ce ne sont plus les mêmes. *Le Petit Parisien* s'appelle maintenant *Le Parisien Libéré*. A la place de *Paris-Soir*, on trouve *Défense de la France* qui devient quelques jours après *France-Soir*. Il y a aussi *Combat* et *Le Populaire*.

Si les nouveaux titres ressemblent parfois un peu aux anciens, les journalistes sont tous nouveaux, ce sont souvent ceux dont on entendait la voix à la BBC, la radio de

Londres. Ceux qui collaboraient avec les Allemands se sont enfuis ou sont en prison. Mon père ne sait pas encore quel journal choisir, alors il les achète tous pour voir, sauf *L'Humanité* et *Franc-Tireur*, qui sont communistes.

Grâce aux photos des journaux et aux actualités au cinéma, nous découvrons enfin à quoi ressemble le général de Gaulle, car avant la Libération on ne voyait que les photos des généraux allemands. Il est très grand et on aperçoit toujours son képi dépasser de la foule et ses grands bras faisant le V de la victoire.

Le dessinateur Jean Effel a représenté la tour Eiffel embrassant le général de Gaulle. Ils ont tous les deux la même taille !

Musique en tête

Aujourd'hui dimanche, il y a un grand défilé de l'armée américaine sur les boulevards. Avec trompettes, tubas, trombones et tambour major. Tout le

monde est en chaussures souples, même les officiers. Derrière la musique on entend à peine le bruit des pas, juste le glissement des semelles de caoutchouc. On dirait une parade de sportifs plutôt qu'un défilé militaire.

La rentrée 1944

Je retrouve mes camarades et mes professeurs du lycée Voltaire. Sauf Fraulein Grün, le professeur de chant. Certains disent qu'elle s'est enfuie en Allemagne, pour nous la couleur verte de ses vêtements était une preuve manifeste de son penchant pour les Allemands. Peut-être encore a-t-elle été tondue, ou même fusillée, comme quelques-uns n'hésitent pas à l'affirmer.

Cette année, nous commençons l'étude d'une deuxième langue étrangère. Tous sans exception nous choisissons l'anglais. Notre professeur est formidable, c'est un capitaine de l'armée américaine et il vient au lycée en uniforme. Quand je monte sur l'estrade pour être interrogé, j'essaie d'imiter de mon mieux sa prononciation. Cela fait rire toute la classe et je suis très vexé.

Avec les Américains nous découvrons plein de choses intéressantes. Le stylo à bille Reynolds, par exemple, dont l'encre tache quelquefois le papier mais qui peut, paraît-il, écrire sous l'eau. Autour de moi, les femmes ne parlent plus que des bas en nylon, qui ne filent pas et seraient beaucoup plus solides que les bas de soie d'avant la guerre. Il y a aussi la poudre de DDT, tellement pratique pour se débarrasser des puces et des poux.

Accompagné de quelques amis, je vais souvent au bois de Vincennes où il y a un camp où sont entassés toutes sortes de débris de l'armée américaine. Nous y ramassons des bâtons de poudre noire grands comme des crayons, avec un trou au milieu. Nous ne savons pas à quoi ils pouvaient servir, mais en les enfermant dans un tube d'aspirine et en y mettant le feu, ils se transforment en fusées qui traversent la rue en faisant beaucoup de fumée.

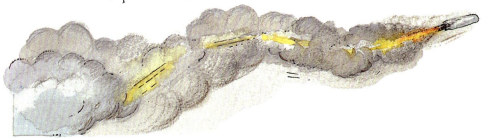

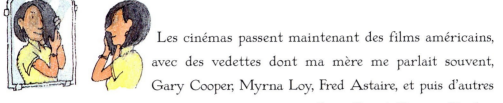Les cinémas passent maintenant des films américains, avec des vedettes dont ma mère me parlait souvent, Gary Cooper, Myrna Loy, Fred Astaire, et puis d'autres que personne ne connaissait encore, comme Cary Grant, Deanna Durbin et surtout Veronica Lake, dont l'œil droit est toujours caché par une mèche de cheveux. Toutes les filles veulent se coiffer comme elle. Mes parents interdisent à ma sœur d'en faire autant, ils disent que ça va lui abîmer la vue.

La guerre pourtant n'est pas finie. L'Alsace et la Lorraine ne sont pas encore libérées. Jojo, notre ami belge du deuxième étage, grâce à qui nous faisions des faux tickets d'alimentation, a décidé de s'engager. Il vient d'avoir vingt ans. Il va rejoindre la première armée française du général de Lattre de Tassigny. J'aurais préféré qu'il s'engage dans la 2e DB, la célèbre division blindée du général Leclerc.

1945. Les combats ont lieu maintenant en Allemagne. La fin de la guerre est proche. Les Russes entrent les premiers à Berlin. On apprend qu'Hitler s'est suicidé avec du poison. Mais comme son corps a été brûlé, beaucoup de gens croient encore à une dernière ruse, qu'il n'est pas mort et qu'il va réapparaître un jour. Pourtant son dentiste est formel : il a reconnu les dents d'Hitler. Mais lui aussi est allemand, et il ne dit peut-être pas la vérité…

Le monde entier découvre les endroits où les Allemands déportaient les Juifs et tous ceux qu'ils arrêtaient. Dans des camps, derrière des barbelés, à Buchenwald, Dachau, Auschwitz. Ceux qui en reviennent n'ont plus que la peau sur les os, tous les autres ont péri gazés, brûlés, carbonisés dans des fours crématoires. Les actualités nous montrent des images horribles, épouvantables.

La guerre est finie

Cet été, nous retournons tous à Vitré. L'oncle Albert a remis sa voiture en état de marche, une grande traction avant familiale qu'il avait cachée dans un hangar. La Normandie n'est pas si loin, et nous décidons d'aller voir les plages du débarquement. Bernières aux poux de mer, Langrunes, Courseulles, Saint-Aubin, et puis Blonville, d'où nous sommes partis en 1989 à la déclaration de la guerre. Toute la côte est dévastée, le mur de l'Atlantique n'est plus qu'un entassement de blocs de béton renversés. De la superbe villa de l'oncle Eugène en haut de la colline, là où la vue était si belle, il ne reste qu'une baignoire blanche avec ses pieds en pattes de lion au fond d'un grand entonnoir de gravats. Une bombe est tombée en plein milieu de la maison.

Avranches, Bayeux, Caen, les villes et les villages de Normandie ne sont pas en meilleur état. Le long des rues bordées de maisons écroulées les promeneurs marchent au soleil, en parlant à voix basse : "Ici il y avait une épicerie, là c'était un café…"

Les actualités au cinéma nous montrent aussi les villes allemandes, Hambourg, Stuttgart, Cologne, Dresde, et bien sûr Berlin, où les bombardements ont tué des centaines de milliers de gens. Tout est détruit. On ne voit que des ruines à perte de vue.

A l'autre bout du monde, le Japon continue encore à se battre. Jusqu'au 6 août. Ce jour-là, on apprend que les Américains ont largué une bombe sur Hiroshima, une seule, mais d'un nouveau type, qui a détruit en un instant toute la ville et fait plus de cent mille morts. Trois jours après, une deuxième bombe atomique, c'est le nom de cette arme nouvelle, est lâchée sur Nagasaki. Le Japon capitule.

Le 2 septembre, la guerre est finie, six ans presque jour pour jour après la déclaration de guerre à l'Allemagne.

Octobre 1945. C'est la première rentrée de temps de paix. Les tickets d'alimentation n'ont pas disparu. Beaucoup de choses manquent encore, mais on ne mange plus de rutabagas et Paris a retrouvé ses lumières. Mon père a fait le choix d'un journal, il s'est décidé pour *Le Figaro*, qu'il lisait déjà avant la guerre. Il est toujours professeur de dessin. Il espère encore pouvoir refaire un livre, mais le premier n'a pas rapporté assez d'argent pour en financer un deuxième. Ma mère a toujours beaucoup à faire pour nous nourrir trois fois par jour. Ma sœur est une bonne élève, elle voudrait bien continuer ses études, mais papa dit qu'elle doit travailler, alors elle suit des cours de secrétariat. Nous n'avons jamais revu mademoiselle Rosenthal, son professeur de piano.

Je rentre en seconde au lycée Voltaire. Le baccalauréat est dans deux ans. Dans ma classe, un élève est revenu de déportation. Il avait été arrêté en 1942 pendant la grande rafle du mois de juillet. Nous faisons cercle autour de lui, admiratifs et effrayés, quand il nous raconte ce qu'il a vécu, le froid, la faim, les rats et les "kapos", des détenus choisis par les Allemands pour surveiller les prisonniers et qui étaient pires que les gardiens eux-mêmes. Et la mort sans arrêt autour de lui. Il dit qu'il ne pesait plus que vingt-huit kilos quand il est rentré. Ses parents et ses deux sœurs ne sont jamais revenus.

C'est le héros de la classe, et pour lui aussi la guerre est finie.

Crédits :

Pages I, II, III, IV, V, VI, VII, VIII,
tous les dessins figurant sur ces pages
sont de Jean-Louis Besson, collection particulière, DR.
Pages I, II, VI : photos de Jean-Louis Besson, tous droits réservés.
Page II : photo représentant Picasso, © octobre 2005.
Pages II-III : bulletins scolaires : coll. part., DR.
Pages IV, V, VI, VIII : illlustrations de couvertures, Jean-Louis Besson, DR.
Pages IV et V : Couvertures de la Revue *I love English*
et du supplément de *Paris Match*, DR.

Tous droits réservés.
Collections privées Jean-Louis Besson et Jean Besson

Paris Rutabaga
est publié en anglais
sous le titre : **October 45**
par Creative Editions
Mankato , MN 5001 USA
© Jean-Louis Besson
Conception graphique : Rita Marshall
© Editions Gallimard-Jeunesse, 2005,
pour l'édition française
Loi No 49-956 du 16 juillet 1949
sur les publications destinées à la jeunesse
Numéro d'édition : 137373
Dépôt légal : septembre 2005
ISBN : 2-07-057197-1
Imprimé en Italie

Jean-Louis Besson

1932. Jean-Louis Besson naît l'année de l'invention du Technicolor. Son père Maurice a hérité de son père, charcutier à Belleville, d'une petite rente et il donne quelques leçons de dessin dans des collèges catholiques. Il dessine des affiches, des images saintes et des calendriers pour sa paroisse.

Victoria, sa mère, qui dessine aussi, travaille au service cartographie chez Michelin. Mariés en 1925, ils ont une fille, Geneviève, puis Jean-Louis.

Jean-Louis va à l'école catholique rue des Solitaires, il est enfant de chœur à l'église et mène avec ses parents et sa sœur une vie calme.

A la maison, le soir, chacun raconte sa journée en détail, tous la commentent. Ils écoutent la radio, les concerts classiques, Jean-Louis s'initiera à la musique classique aux Jeunesses musicales de France de Bernard Gavoty. Maurice apprend à son fils à dessiner, à bricoler. Ensemble ils fabriquent des appareils photo, une des passions de Maurice. Maurice, dessinateur et peintre, académique et naïf à la fois, fait imprimer à compte d'auteur un livre sur Annecy, ses photos et ses dessins illustrant son texte.

Jean-Louis, enfant, dessine beaucoup, recopie les tableaux classiques qu'il trouve dans les livres de la bibliothèque familiale, met en scène les membres de sa famille. Curieux de tout, il aime comprendre comment les choses fonctionnent, il s'intéresse à tout ce qui est nouveau.

Charles de Gaulle remettant une médaille.

Dessins de 1942. Jean-Louis a alors dix ans.

Le petit Jean-Louis dans l'appartement familial, rue du Jourdain, à Paris.

1939. La guerre éclate en septembre, la famille Besson est en vacances à Blonville, en Normandie, dans la villa d'une des sœurs de Maurice qui a fait un riche mariage. Maurice étant mobilisé, il rentre à Paris tandis que Victoria, les deux enfants et les perruches se réfugient chez le frère de Victoria, Albert Bonnaffoux, à Vitré, en Bretagne. L'oncle Albert est marchand de vélos, réparateur de

tracteurs et de machines à baratter le beurre. La boutique est attenante à un café tenu par la tante Reine. C'est un terrain d'observation pour Jean-Louis. Et puis il y a la cousine Yvette, un peu plus âgée, et le cousin Albert, dit Bébert. Le dessin des Allemands envahisseurs, que l'on peut voir dans *Paris Rutabaga*, restera épinglé toute la guerre au mur de la boutique.

Après l'armistice et le retour de Maurice, la famille rentre à Paris et la vie continue sous l'Occupation, comme il le raconte dans ce livre.

1941. Jean-Louis entre au lycée Voltaire. Il a 9 ans, de grosses lunettes, des pantalons courts, et quatre fois par jour, il fait le chemin de la rue du Jourdain jusqu'au lycée Voltaire dans ce qu'on appelle alors le village de Belleville. C'est en dessin d'imitation qu'il excelle, toujours premier de la sixième à la terminale. Dans les autres matières, c'est très variable...

1948. À 16 ans, il intègre l'École des Métiers d'art, située dans l'Hôtel Salé, aujourd'hui Musée Picasso. C'est là qu'il apprend son futur métier et découvre un autre monde, celui des étudiants. Geneviève a lu Pierre Loti qui raconte Tahiti et ses coutumes. Un monde existe où la foi catholique n'a pas de place. Les deux adolescents perdent la foi, ce qui sera une source de conflit avec leurs parents.

1951. C'est avec ses camarades de l'École des Métiers d'art qu'il visite pour la première fois le Midi. Le petit groupe d'étudiants, accompagné de leur professeur, visite l'atelier de Picasso à Vallauris. Jean-Louis, le seul à posséder un appareil, demande à Picasso l'autorisation de le prendre en photo. Cette photo est imprimée pour la première fois ici.

1952. À la fin de ses études, après une virée dans le sud de la France, en Vespa,

Jean-Louis a fait de nombreux dessins de l'occupant qu'il s'amusait à caricaturer.

Photo de Pablo Picasso prise à Vallauris par Jean-Louis à dix-sept ans.

Bulletins scolaires de Jean-Louis des années 1942-1943. Il est alors au lycée Voltaire.

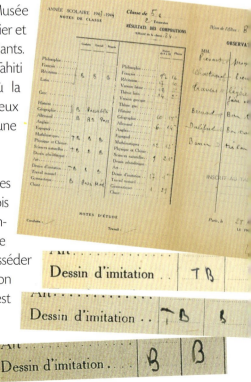

Études au crayon de cyclistes.

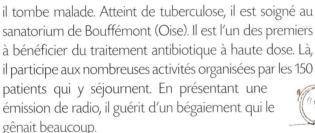

il tombe malade. Atteint de tuberculose, il est soigné au sanatorium de Bouffémont (Oise). Il est l'un des premiers à bénéficier du traitement antibiotique à haute dose. Là, il participe aux nombreuses activités organisées par les 150 patients qui y séjournent. En présentant une émission de radio, il guérit d'un bégaiement qui le gênait beaucoup.

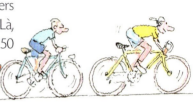

1954. De retour chez lui, en convalescence, il se présente chez Publicis, la première agence de publicité fondée par Marcel Bleustein-Blanchet, pionnier de la communication de vente par la publicité qui remplace définitivement la fameuse réclame. Il souhaite travailler à mi-temps à cause de son traitement. Séduit par le personnage, le directeur du personnel l'engage aussitôt. Chez Publicis, il travaille au studio et met en page les publicités. Bientôt, il devient concepteur, notamment pour Pathé Marconi, dont il dessine des pochettes de disque. Entre-temps, sa sœur Geneviève épouse le voisin du deuxième étage, Georges Robyns, ingénieur en charpentes métalliques.

Crayonné du Lycée Voltaire, à Paris, dans le 11ème arrondissement.

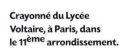

1956. Jean-Louis, qui s'appelle en réalité Pierre, son premier prénom, doit en changer quand il commence à dessiner pour le public. Il existe en effet un autre Pierre Besson, illustrateur au *Figaro*.

Autoportrait de Jean-Louis à sept ans pour la couverture de *Paris Rutabaga*.

Dessin de nageur pour *Le Livre de tous les sports* (coll. Folio Cadet, Gallimard Jeunesse, 1990).

Dessin en contre-plongée, en trois dimensions, pour le magazine *I love English*. Jean-Louis affectionne tout particulièrement ce genre de dessin où peut s'exprimer son sens du détail.

Dessin figurant au verso de la brochure de lancement de la Dyane Citroën. Jean-Louis reprend en fait le dessin de la couverture, mais "de dos" !

1957. Il épouse Bella Ribowska rencontrée chez Pathé Marconi. Leur fils, François, naît en 1960.

1958. Publicis s'installe au 133, avenue des Champs Elysées, là même où était installé le QG des Forces Alliées en Europe. L'esprit de la publicité évolue beaucoup à cette époque, le sens esthétique y fait son entrée. Grâce à son travail, Jean-Louis commence à gagner de l'argent, il achète une voiture (une Aronde grise au toit orange). Il emmène ses parents en vacances dans le Midi, il change les meubles de l'appartement familial, il introduit la modernité dans l'univers de ses parents. Il voyage au Portugal, en Italie, et en rapporte des centaines de photos.

1961. Jean-Louis est engagé comme directeur artistique à la SNIP, l'agence de la Lainière de Roubaix de Jean Prouvost (les Laines du Pingouin, Korrigan, Lesueur…), considérée comme l'une des meilleures agences graphiques de Paris.

1968. Jean Castel propose à Jean-Louis d'ouvrir en face de Chez Castel, sa boîte de nuit, rue Princesse, une boutique de photographie. Un nouveau procédé permet de tirer rapidement, comme dans un Photomaton, un négatif sur un poster. Ce sera « Vu », qui remporte un vif succès.

1968. Après un passage à *Elle* comme directeur artistique au temps d'Hélène Lazareff, il entre à l'agence Robert Delpire, très réputée pour la grande élégance de ses créations, où il participe à de prestigieuses campagnes (entre autres pour Citroën). La brochure qu'il dessine pour la Dyane remporte un tel succès populaire qu'elle sera rééditée, une première pour une publicité consacrée à une voiture.

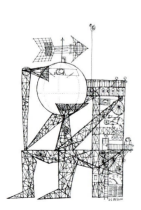

« **La machine à penser** ». Dessin publicitaire pour **Publicis**

Dessin de couverture de la brochure de lancement de la Dyane Citroën.

Dessin extrait d'une brochure publicitaire réalisée pour la BNP.

Le succès rencontré par la brochure de la Dyane vaut à Jean-Louis de nombreuses commandes liées à l'automobile. Ici, le dessin de couverture d'un supplément réalisé pour Paris Match, en 1981.

1970. Jean-Louis décide de devenir illustrateur indépendant. Alors que la mode est principalement à la photo, son agent lui trouve de nombreux contrats. Il travaille de plus en plus. Des "dessins-reportages" pour Paris Match, des couvertures et des illustrations pour Le Nouvel Observateur, des affiches, des livrets pour des compagnies maritimes (Brittany Ferries), pour la BNP.

Il voyage beaucoup, en Europe (en Italie surtout), en Asie (Thaïlande, Japon, Ceylan). Paris Match lui demande une histoire de l'énergie, puis c'est avec Jacques Veuillet à la Sodel (agence de pub interne d'EDF) qu'il réalise une BD d'après cette histoire. Plus tard L'Histoire de l'énergie sera diffusée en dessin animé sur TF1 chaque jour à 19 h, pendant deux minutes avec un commentaire lu par Michel Galabru et une musique originale de Pierre Bachelet. Pour le dessiner image par image, Jean-Louis

V

s'installe à Tours. Chaque image est peaufinée, retouchée encore et toujours. Chaque décor est précis et toujours drôle. Les personnages en situation aident à la compréhension de l'histoire. Sa technique est toujours la même, il fait d'abord un gros travail de documentation (sa bibliothèque personnelle est impressionnante), puis des repérages photographiques, des croquis, pour restituer la réalité dans ses moindres détails. Dans ses personnages, on reconnaît ses amis, sa famille, lui-même aussi car, à la manière d'Hitchcock, il se met souvent en scène dans un petit coin du dessin. Sa production est

Exemples de travail de documentation et de recherches graphiques pour *Paris Rutabaga*.

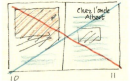
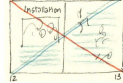
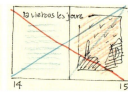
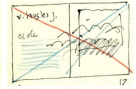

A partir de montages photo, Jean-Louis travaille la perspective et les lignes de fuite.

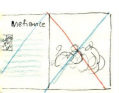

toujours aussi importante : brochures publicitaires, bandes dessinées pour *La Vie électrique*, pour le CNDP, illustrations pour la presse jeune Bayard Presse (*J'aime Lire, Astrapi, Je Bouquine*), affiches... Ce qui frappe dans son travail, c'est la minutie avec laquelle il explique visuellement ce qu'il veut faire comprendre à ses lecteurs, alliant humour et information.

1982. Pierre Marchand, directeur du département Jeunesse chez Gallimard, engage Jean-Louis à l'année. Naissent alors *Le Livre des Découvertes et des Inventions, Le Livre des Costumes, (1/ La Mode à travers les siècles, 2/ Le Livre des Uniformes militaires), Le Livre de l'Histoire de France,*

Vient ensuite le travail de positionnement des personnages sur calque et la finalisation du dessin en noir et blanc.

Chemin de fer de *Paris-Rutabaga*, dessiné par Jean-Louis. L'ordre des pages est présenté par double page avec des ébauches de titres et d'emplacement des textes et des images.

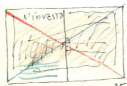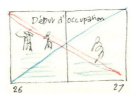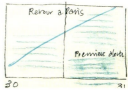

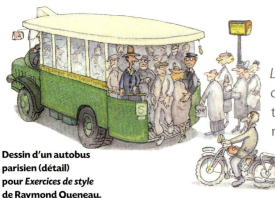

Dessin d'un autobus parisien (détail) pour *Exercices de style* de Raymond Queneau.

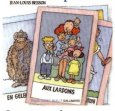

Couverture de *Faites des mères ! Faites des pères !* (Coll. Folio Cadet, Gallimard Jeunesse, 1990).

Jean-Louis dessinait beaucoup sa famille et ses amis. Ici, faire-parts de naissance de ses deux premiers petits-enfants Camille et Clément.

Le Livre de l'aventure humaine, destinés aux enfants. Il en écrit les textes, ce qui l'oblige à des recherches très approfondies. Jean-Louis est perfectionniste. Chaque livre est documenté, chaque information vérifiée, doublée d'un dessin démonstratif, l'ensemble avec beaucoup de détails et de trouvailles. C'est ainsi qu'il découvre que l'ouvre-boîte a été inventé en 1860, soit trente-quatre ans après la boîte de conserve !

1993. C'est lors d'un séjour aux États-Unis que lui vient l'idée de raconter ses souvenirs d'enfance pendant la Deuxième Guerre mondiale. Il rencontre l'éditeur Tom Peterson qui publiera le livre deux ans plus tard. Il paraîtra une première fois en France chez Bayard en 1995.

2002. Jean-Louis épouse Françoise Mona. Son dernier dessin paraît dans *Exercices de style* de Raymond Queneau (éditions Gallimard Jeunesse), un livre qu'il trouve très drôle.

2003. Il meurt le 1er mai chez lui à Paris, rue d'Assas, près du Luxembourg, entouré de sa famille.

2005. Son dernier petit-fils Antoine, qui s'appelle aussi Jean-Louis, fait ses premiers coloriages avec la boîte de crayons de couleur de son grand-père.

Pour dessiner le personnage de Calamity Mamie (à gauche), créé en 1995 par Arnaud Alméras, Jean-Louis s'est inspiré de son amie de toujours, Couquite.

Couverture du *Livre des Découvertes et des Inventions*, (coll. Découverte Cadet, Gallimard Jeunesse, 1983).

Couvertures du *Livre de l'aventure humaine*, du *Livre des Uniformes militaires*, du *Livre de la Mode* et du *Livre de l'Histoire de France* (Découverte Cadet, Gallimard Jeunesse, 1990, 1987, 1986, 1985).